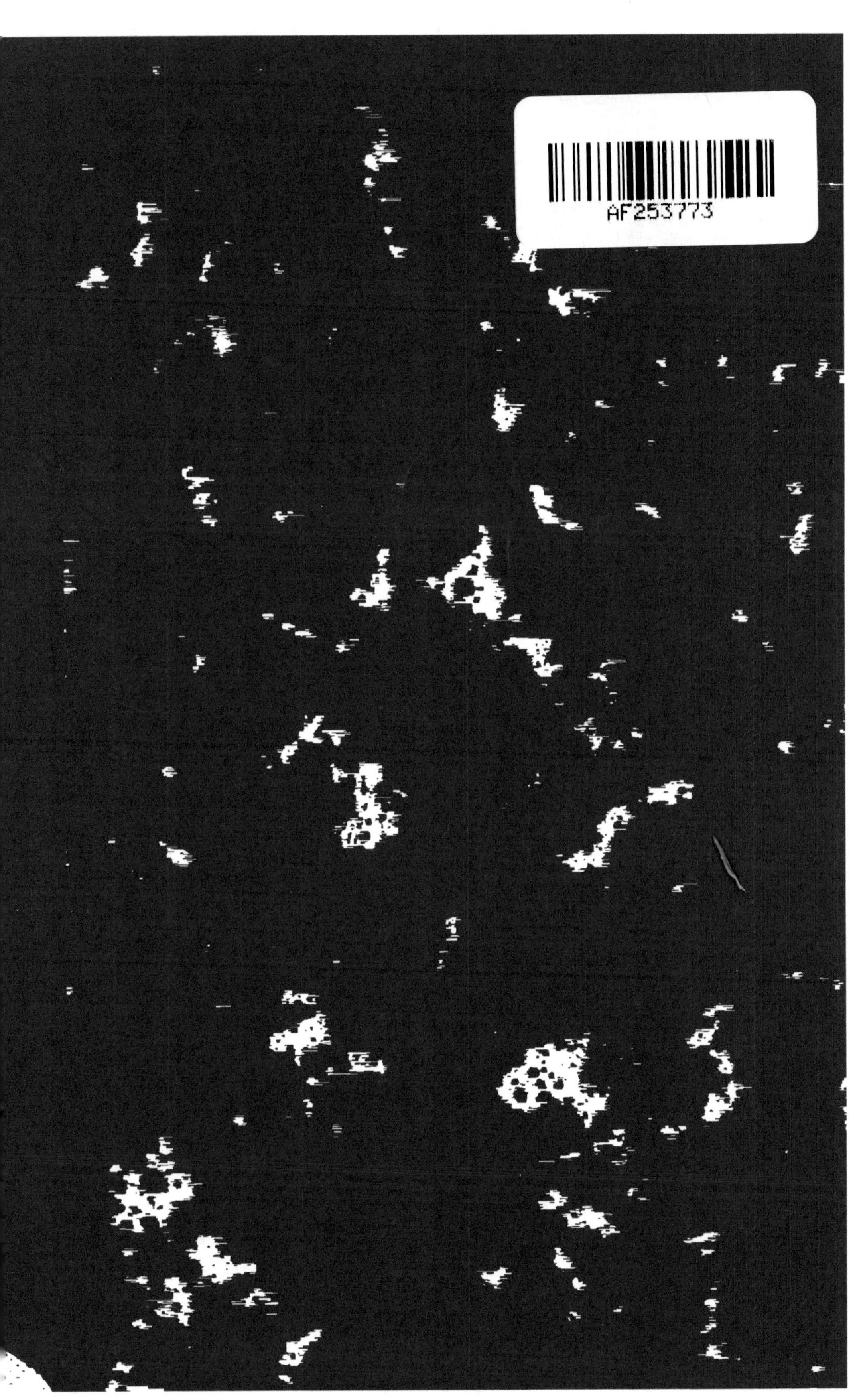
AF253773

UNE PAGE RÉCENTE

DE

L'HISTOIRE RELIGIEUSE DU QUERCY

MONSEIGNEUR

PESCHOUD

ESQUISSE DE SA VIE ET DE SES ŒUVRES

PAR

M. Ch. DELONCLE

MEMBRE DE PLUSIEURS SOCIÉTÉS SAVANTES

CAHORS

IMPRIMERIE DE A. LAYTOU,

RUE DE LA MAIRIE

1868

DISCOURS

MGR PESCHOUD

PRÉCÉDÉS DE SA BIOGRAPHIE

PAR

M. L'ABBÉ AZAÏS

Aumônier du Lycée de Nîmes

« Verbum evangelisantibus,
» virtute multâ. Psalm. 67. »

I.

Cinq ans se sont à peine écoulés depuis qu'un nom, la veille, inconnu de la plupart des habitants de notre province catholique venait les réjouir, apporté de loin à leurs oreilles par l'écho multiplié d'une réputation des plus flatteuses, entouré du double prestige du savoir et de la vertu. C'était le nom du nouvel évêque destiné à recueillir dignement le pieux héritage de ses deux devanciers immédiats, le charitable d'Hautpoul et le fervent Bardou, à faire refleurir avec non moins de fidélité, mais plus d'expansion et d'éclat, les glorieuses traditions de l'antique Eglise de Cahors. Un choix des plus heureux était allé chercher, pour le placer sur ce siège important, le vicaire-général de St.-Claude, l'ancien directeur du collége de Pont-le-Voy, un prêtre d'âge avancé, d'un mérite éprouvé par les antécédents les plus significatifs à tous les degrés de la hiérarchie sacerdotale, doué d'une forte intelligence et d'un caractère élevé. L'indépendance même de sa vie, longtemps consacrée à la haute mission du libre enseignement, liée aux plus chères prédilections d'une cause vaincue, mais honorée, et qui le sera toujours tant que subsisteront en France le sens moral et la justice historique, ajoutait un attrait de plus à ces présages favorables qu'éveillait parmi nous la prochaine arrivée de Mgr Peschoud.

Quelques fragments de discours publiés à cette occasion par la presse locale suffirent, on s'en souvient, pour confirmer la bonne opinion de toutes parts transmise sur son compte. Ce sont les mêmes discours *sur l'éducation* prononcés aux distributions des prix de Pont-le-Voy que nous venons, cinq ans après, presque à pareil jour, présenter au public dans les mêmes colonnes. Recueillis par les soins pieux de la digne sœur de l'éminent prélat, ils forment aujourd'hui un charmant volume dont la première partie contient la biographie de l'évangélique prélat due à la plume facile, exercée de M. Azaïs, l'un de ses fidèles amis et son successeur aux utiles fonctions

d'aumônier du collége de Nimes (1). Cette notice
reproduit avec autant d'émotion que d'exactitude
cette rare physionomie d'homme, d'instituteur et
d'évêque, cette carrière si active et si pleine, les
travaux féconds, les accents convaincus, le généreux dévouement de Mgr Peschoud et sa fin prématurée. C'est le digne portique du monument
élevé à sa mémoire par une main toute filiale avec
les propres matériaux de son œuvre trop tôt in-
terrompue.

Ce volume non moins attachant qu'instructif a
déjà rencontré des appréciations sympathiques et
éclairées parmi les organes les plus accrédités de
la saine littérature. Un homme qui fut l'un des
restaurateurs intelligents de Pont-le-Voy et qui
est encore l'un des vétérans les plus honorés du
journalisme, M. Laurentie, cet écrivain si cons-
ciencieux et si élevé, cet historien précis, impar-
tial et profond, sorte de Tacite chrétien qui
suit d'un regard attristé et marque d'un ferme
burin toutes les déviations de la pensée, de la
politique et de la moralité contemporaines, a
signalé le premier ces graves enseignements d'une
voix bien connue de lui et qui mérite de l'être de
son public d'élite. Tout récemment M. L. Besson
qui est lui-même un maître expérimenté de la
jeunesse et un apologiste éloquent de la doctrine
catholique, consacrait dans le *Correspondant*, cette
revue si remarquable du mouvement intellectuel
et religieux, quelques pages non moins bien sen-

(1) 1 vol. in-12, Paris, E. Renault, r. SS. Pères, 11.

ties et motivées à l'éloge de notre défunt évêque. C'est pour nous un devoir bien doux à remplir que d'apporter notre tribut obscur à ce faisceau de témoignages sympathiques et considérables, que d'y joindre, avec l'accent particulier d'un souvenir reconnaissant, l'hommage d'estime et de regrets que le clergé, que les fidèles de ce diocèse rendaient naguère à Mgr Peschoud. Les traces de son court passage au milieu de nous sont à peine refroidies ; elles sont de celles que la mort n'efface point, que l'oubli ne saurait atteindre. Ce n'est point sans motif que sa pierre tumulaire occupera bientôt une place d'honneur dans notre cathédrale, non loin du tombeau du vénérable Alain de Solminihac, le plus illustre de nos anciens Pontifes. Nous allons retracer à la suite de son biographe le fructueux emploi des riches facultés de cœur et d'esprit que Dieu lui avait départies ; *Deus dedit verbum evangelisantibus, virtute multâ*.

II.

Joseph-François-Clet Peschoud naquit le 29 janvier 1805, à St.-Claude, cette antique abbaye devenue la ville épiscopale des montagnes du Jura. Son père était un négociant aisé et considéré, sa mère une chrétienne des vieux temps. Pendant la tourmente révolutionnaire, cette femme intrépide et dévouée ne cessa de favoriser avec un zèle industrieux, qui touchait souvent à l'héroïsme, l'évasion et la correspondance des fa_ milles émigrées, des prêtres proscrits pour refus de serment à la déplorable Constitution civile du clergé. Ces tragiques impressions, ces virils exemples, furent les premières leçons offertes à son enfance, et le souvenir de sa courageuse mère imprégna la vie tout entière de Mgr Peschoud ; le *lait des forts* entra pour beaucoup dans la trempe de son caractère, dans la vigueur de sa parole et de ses convictions.

Les remarquables dispositions qu'il annonça dans le cours de ses premières études fixèrent de bonne heure l'attention. A peine avait-il terminé sa théologie qu'il fut chargé d'une chaire d'humanités au Petit Séminaire de Vaux. Ce fut son apprentissage dans cet art d'enseigner dont il devait acquérir la science consommée (1825-1831). A son brillant début dans le professorat succéda pendant quelques années l'exercice actif du ministère sacerdotal. La paroisse des Hautes-Molunes située sur l'un des sommets de cette région montueuse fut son premier lot, ingrat et méritoire, dans *le champ du père de famille*. Son jeune dévouement ne fut point inégal aux fatigues, aux intempéries qu'il lui fallait subir.

Promu, dix-huit mois après, à la cure importante de Notre-Dame de Salins, l'abbé Peschoud trouva là un théâtre digne de son zèle et de ses talents. Le collége communal de cette ville, autrefois dirigé par des Oratoriens, était en pleine décadence. On fit appel pour le relever à la bonne volonté et à l'aptitude déjà éprouvée du récent professeur. Celui-ci, par un rare

désintéressement, consentit à échanger ses fonctions de curé de canton contre celles de Principal de troisième ordre. Il cumula, comme
cela se pratique dans beaucoup de petits colléges,
la chaire de philosophie avec la direction de
l'établissement et s'acquitta avec succès de cette
double tâche. Mgr Peschoud appartint donc
quelque temps à la corporation universitaire,
tout en marquant son propre enseignement d'un
cachet expressif et d'une méthode personnelle,
très approchante de celle de son contemporain,
l'abbé Noirot, ce maître bien connu de la philosophie à la fois indépendante et orthodoxe.

Rien ne devait manquer à l'étonnante variété
de ses aptitudes et de ses services. Son ami,
Mgr Cart, évêque de Nîmes, le fit nommer en
1840, aumônier du collège alors royal de cette
ville. « Appelé au périlleux honneur de le remplacer, écrit son biographe, j'ai retrouvé dans
la chapelle du lycée comme un écho de cette
belle parole qui savait présenter sous une forme
si attachante les vérités de la religion, et j'ai
recueilli de la bouche de ceux qui furent ses
collégues le témoignage sincère de l'admiration et des vives sympathies que provoqua
son mérite. Avant lui, le bon abbé Galtier, devenu évêque de Pamiers, avait su gagner tous
les cœurs par l'aimable ascendant de sa vertu.
L'abbé Peschoud, à son tour, subjugua les esprits
pour l'autorité de la science. Il mit au service
de l'enseignement religieux le double don d'une
puissante intelligence et d'un langage élevé,

il travailla à faire comprendre à ses jeunes auditeurs l'alliance intime qui doit exister entre la raison et la foi, la philosophie et la religion. »

Ce séjour de trois ans dans le Midi ne fut pas indifférent : il lui en resta une sorte de flamme contenue, qui s'ajoutait à sa nature active et franche d'homme du Nord ; mais aussi le chaud climat de Nîmes fut pour lui la source du mal qui, vingt ans plus tard, devait l'abattre rapidement. Forcé de résigner ses fonctions universitaires, Peschoud se rendit à Paris et se livra quelque temps à la prédication. Ses relations dans la haute société lui fournirent bientôt l'occasion de rentrer dans la voie qui était plus spécialement la sienne, dans la carrière enseignante. MM. de Chalais et de Vibraye avaient acquis, pour leur restituer leur ancienne destination, les bâtiments à demi ruinés de l'abbaye de Pont-le-Voy, l'un des grands collèges tenus autrefois par les Bénédictins. Un des proviseurs les plus distingués de l'Université, l'abbé Demeuré, avait donné sa démission, préférant noblement à une position acquise par de longs et joyeux services les chances ingrates et les mâles devoirs d'une mission toute de dévouement. La mort de ce prêtre éminent laissait l'œuvre et ses fondateurs dans un complet désarroi. L'abbé Peschoud fut seul jugé capable de remplir un tel vide. Cédant aux instances de ses amis, il consentit à prendre la suite de l'établissement.

Il nous a été donné d'entendre de sa bouche le récit piquant des difficultés de toute sorte qu'il eut à surmonter ; son esprit organisateur commença par assurer les conditions matérielles un peu négligées par son prédécesseur. *Primo vivere, deindé philosophare*, répétait-il avec ce spirituel à propos qui distinguait sa conversation. Ce premier résultat une fois obtenu, sa sagacité, son expérience purent se donner ample carrière, et d'éclatants succès couronnèrent ses efforts. — Pont-le-Voy lui dut son complet développement; les treize années qu'il y passa forment la plus belle période de ses annales. En même temps que croissaient le nombre des élèves et la force des études, l'éducation, la culture morale et religieuse, les arts et la politesse, n'y prospéraient pas moins. Ce merveilleux essor, cette harmonie féconde entre les divers exercices classiques et l'impulsion la plus solidement chrétienne fureut l'œuvre de l'abbé Peschoud que M. Laurentie reconnaissant appelait l'*homme de Pont-le-Voy*, et qui mit en effet toute sa sollicitude et toute sa gloire à réaliser la noble devise inscrite au frontispice de ce collége modèle : *Relligioni et patriæ :* pour la religion et pour la patrie !

III.

L'espace nous manque pour suivre M. Azaïs dans les détails précieux qu'il nous donne sur la seconde partie, non moins utile et méritoire,

de la carrière de Mgr Peschoud, après sa sortie
de Pont-le-Voy. Nous avons vu tour à tour le
professeur, le curé, le principal du collège, l'aumônier du lycée, le chef d'une grande école, le
renovateur des études et des traditions à la fois
catholiques et nationales parmi la jeunesse aris-
tocratique de notre pays. Ce beau rôle et ces
travaux successifs, bien que circonscrits dans leur
sphère modeste et toute provinciale, auraient
seuls suffi pour illustrer une vie d'homme. Ce
ne fut qu'un prélude chez ce laborieux ouvrier
de l'Evangile. A mesure qu'il croissait en âge
et en expérience, les occasions d'utiliser ses
talents se multipliaient. Professeur d'histoire
ecclésiastique et directeur au grand Séminaire
de Lons-le-Saulnier, l'élévation et la parfaite or-
thodoxie de son enseignement, lui acquéraient de
nouveaux titres à l'estime de son diocèse natal.
Chanoine, puis vicaire-général de Saint-Claude,
il apporta dans ces pieuses fonctions ses remarquables qualités de prêtre, de savant, de moraliste et d'administrateur. Il eut un moment
la pensée de mettre au service de la compagnie
de Jésus ses lumières, son dévouement, sa profonde connaissance de hommes et du temps; la
mission toujours militante et persécutée de cette
société célèbre, le nombre des sujets d'élite qui
en rajeunit aujourd'hui la gloire et en élargit
considérablement l'esprit, ses propensions aus-
tères, ses goûts de retraite studieuse et médita-
tive, tout le portait vers la vie religieuse; mais
son âge, déjà avancé, l'impétuosité naturelle et

toute franc-comtoise de son caractère, les conseils des Jésuites eux-mêmes le détournèrent de cette voie. La Providence le tenait en réserve pour un ministère bien plus auguste et non moins fécond ; elle devait bientôt lui marquer sa place, suivant son propre et beau langage, « parmi les princes du peuple chrétien, parmi les chefs et les guides de la nation sainte, elle le destinait à consoler le triste veuvage de l'église de Cahors. » Ayant eu le choix des trois sièges alors vacants, ce fut au nôtre que Mgr Peschoud donna spontanément sa préférence. Hélas ! à peine elle l'avait tiré de son obscurité pour le faire luire aux yeux d'une province fidèle, qu'il plut à cette divine Providence, de le retirer et l'éteindre pour toujours ! L'heure, sans doute, était venue de donner sa récompense au vaillant soldat muni de tels états de service.

Avant de retracer ce que fut parmi nous sa trop courte mission d'évêque, de père et docteur, avant d'examiner, dans les limites de notre faible compétence, ses discours sur l'éducation et ses allocutions épiscopales, de caractériser la forme et le fond même de son éloquence, il nous reste à faire connaître un côté plus intime et non moins intéressant de sa nature impressionnable, qui nous est révélé par les extraits de sa correspondance et de son journal de voyage. C'est d'un voyage en Italie et d'un assez long séjour à Rome qu'il s'agit, pendant l'hiver et le printemps de 1856-1857. Laissons parler

M. Azaïs à qui nous devons ces précieux documents.

« A Pise, il s'arrêta avec une admiration profonde devant ces quatre célèbres monuments jetés irrégulièrement sur une place solitaire, qui résument merveilleusement dans leur ensemble la vie humaine : le Baptistère, qui rappelle la naissance, le Campo-Santo, ce cimetière national qui rappelle la mort, et, entre ces deux extrêmes, la Tour Penchée qui représente les choses caduques de ce monde penchant sans cesse vers leur ruine, et le Dôme, la vieille cathédrale byzantine, qui symbolise la pensée religieuse.

» Lorsque notre voyageur fut arrivé à Rome, le premier aspect de la grande cité le laissa froid et dans une sorte de déception. La ville lui sembla triste et sans grandeur. « Les ruines, disait-il,
» que l'on rencontre à chaque pas, achèvent
» d'attrister le regard. Au lieu de donner une
» idée de la puissance et de la gloire de Rome,
» elles ne disent que la vanité de tout ce qui est
» l'œuvre des l'hommes. Le cadavre des empires,
» ajoute-t-il, dans une pensée digne de Bossuet,
» n'est pas plus beau à voir que celui de l'hom-
» me, et l'Ecriture sainte a raison de dire que
» l'humiliation suit toujours l'orgueil. »

» Mais à mesure qu'il avance à travers la ville éternelle, la physionomie morale et religieuse de Rome se dégage du milieu des ruines et se révèle à lui dans toute sa majesté... Il se trouva à Rome pendant les fêtes de Noël et la messe pontificale à à St-Pierre l'émut pieusemeut. Il assista, pen-

dant l'octave de l'Epiphanie, aux séances du célèbre collége de la Propagande, et ce ne fut pas
sans émotion qu'il entendit les élèves réciter,
chacun dans la langue de son pays natal, une
composition sur le mystère du jour. La langue
française figura avec honneur dans ce concours
polyglotte, et l'abbé Peschoud applaudit avec
joie une pièce de vers composée par un jeune
ecclésiastique de notre Midi.

» Vers la fin de janvier, il prit la route de Naples. Il fit halte de trois jours au monastère du
Mont Cassin, et eut de longs entretiens avec le
père Tosti. Il fut ravi des richesses artistiques et
littéraires de ce célèbre monastère et de la science
vraiment bénédictine du père abbé. Après avoir
visité Naples et ses environs, depuis le site ravis-
sant des Camaldules jusqu'aux vieux temples de
Pœstum, il s'embarqua pour la Sicile, vit Pa-
lerme, Messine et Catane avec ses ruines antiques, admira la masse impuissante de l'Etna, et
repris, un peu fatigué, la mer, la route de Rome,
par Mola di Gaëta et Terracine. Il passa tout le
mois d'avril dans la ville pontificale et se remit
avec une nouvelle ardeur à visiter ses princi-
paux sanctuaires. « Ce fut le 24 avril 1857 qu'il
eut la douce joie d'obtenir une audience du
Souverain Pontife. « Je voulus, dit-il, me pré-
» parer religieusement à cette faveur, l'une des
» plus grandes que j'ai reçues de ma vie. J'espé-
» rais de la bénédiction apostolique des grâces
» toutes spéciales pour moi et pour les miens..»
Cette audience laissa une impression profonde

dans son âme, et nous en retrouverons comme un écho dans tout ce qu'il écrira sur le St-Siége.»

« La visite des catacombes de Sainte Agnès qu'il fit avec un général russe, l'impressionna profondément. C'était le dimanche du Bon Pasteur, et une des premières peintures qui attirèrent ses regards furent celles du divin pasteur, si fréquemment reproduites dans ces galeries souterraines, berceau de l'église naissante. Il vit dans la crypte de la Madone la belle image à demi-effacée de la Sainte Vierge, ayant l'Enfant Jésus sur ses genoux, portant le pallium de la Madone romaine et levant ses mains comme une Orante. Il remarqua la basilique avec son double compartiment, l'un destiné aux hommes, l'autre aux femmes, le presbyterium pour l'évêque et les prêtres .L'abbé Peschoud comprit tout ce que la visite des catacombes offre d'intérêt pour le chrétien et l'archéologue. Il vit là toute ouverte l'histoire des martyrs et des confesseurs; il y vit aussi les premières inspirations de l'art chrétien où se retrouvent, comme un démenti séculaire donné d'avance aux négations de l'hérésie les croyances et les dogmes de ces âges héroïques.

» Rome, poursuit M. Azaïs, était devenue la patrie de son âme. Ses églises, ses ornements, ses grands souvenirs formaient comme autant de liens étroits qui l'unissaient à elle, et il ne put se défendre d'un profond sentiment de tristesse lorsqu'il jeta un dernier regard sur la coupole de St-Pierre.» — Continuant sa route, le grave et pieux voyageur visita successivement les sanc-

tuaires, d'Asie, de Lorette, de Bologne et d'I-
mola ; il admira leurs magnifiques décorations ;
Florence et Sienne le captivèrent doublement
par l'architecture imposante de leurs églises et
de leurs palais, comme par les tableaux de leurs
riches galeries. A côté de la foi du prêtre s'agi-
tait en lui la curiosité du lettré, de l'artiste charmé par les ruines antiques et les merveilles des
arts ; — mais le prêtre domine toujours en lui
le touriste ; les images profanes et les réminis-
cences classiques cèdent la place aux pieuses impressions recueillies fidèlement par son biogra-
gue. Lui-même aimait à dire que ce pélerinage
avait été pour lui un temps de grâce et de salut.
Dès sa promotion à l'épiscopat, il caressa l'es-
poir de refaire ce voyage avec un but sacré de
plus, celui de la visite que tout évêque nouvellement investi doit au tombeau des grands apôtres,
de limina apostolorum. Tout entier à d'autres
devoirs plus impérieux encore pour son zèle
vraiment évangélique, il fut atteint par la mort
avant d'avoir accompli ce projet, l'un des plus
chers au cœur d'un évêque. Il eut représenté
notamment avec tant de joie et de noblesse notre antique église dans cette imposante réu-
nion des pontifes du monde catholique tout
entier, où devait le remplacer son digne successeur, et que l'éminent cardinal Donnet rappelait
éloquemment, il y a quelques jours !....

IV.

Les lecteurs non oublieux des religieuses émotions qui élèvent l'âme et la vivifient en l'arrachant aux préoccupations vulgaires, au terre à terre quotidien de la vie matérielle, ont encore présent à la mémoire le spectacle aussi imposant qu'édifiant donné à ce diocèse par le sacre de Mgr Peschoud à Rocamadour, par la prise de possession solennelle de son siége, et par ses visites pastorales dont la noble persistance abrégea sa vie et dont les fatigues remplirent, presque jusqu'au dernier moment, ses vingt-deux mois d'épiscopat (30 novembre 1863 : le sacre ; — 19 septembre 1865 : les funérailles !)

Le mérite reconnu, la distinction personnelle, le langage grave et bien senti du nouveau prélat excitèrent sur tous les points des manifestations qu'il est superflu de décrire et dans lesquelles se mêlait au respect, au pieux empressement dont il était l'objet une nuance marquée de satisfaction et de fierté chez nos populations quercinoises heureuses de posséder à leur tête un pareil pasteur. Chacun de nous allait répétant à sa manière ces mots inscrits sur un arc de triomphe le jour de son entrée dans notre antique cheflieu : *Talem decebat esse nobis episcopum :* C'est là l'évêque qu'il nous fallait. L'histoire de ses illustres prédécesseurs des vieux âges peu familière au plus grand nombre semblait se lever d'elle-même sur ses pas et lui faire accueil, tant il était homme à en soutenir la dignité : « Nos grands évêques du dix-septième siècle » évoqués par lui dans sa première lettre pastorale l'eussent, à son air et à son style, reconnu presque pour l'un des leurs. Qui ne se rappelle cette belle tête à la fois pleine de mansuétude et de majesté, ce large front avec sa couronne de cheveux blancs, vieillesse précoce du travail et de la pensée, ce regard où rayonnaient l'intelligence et la bonté, cette noble stature affaissée par les fatigues plus que par les ans et se redressant sous les insignes épiscopaux avec des attitudes de patriarche, cet air si ouvert, cet abord affable et tout paternel ?

Sous ces qualités extérieures il y avait un fond d'une droiture et d'une solidité à toute épreuve. Sa belle prestance n'excluait pas la simplicité, l'abandon, l'entier oubli de lui-même ; sa figure et sa parole également expressives n'étaient que le miroir de son âme. La souffrance seule avait mis une ombre à cette physionomie aussi aimable que grave ; il montrait quelquefois une sorte d'impatience fébrile et laissait trop facilement percer l'ironie d'un esprit supérieur en présence de certaines trivialités. C'était une nature à la vieille marque, selon le mot de Montaigne. « Ce qui dominait en lui, c'était la franchise et la loyauté. Mgr Peschoud pensait tout haut et ne connaissait point l'art de déguiser sa pensée; il ignorait la science des ménagements. Ses conseillers les plus autorisés combattaient cette tendance et cherchaient à le ramener à une plus grande réserve. Le bon prélat les écoutait en convenant de ses torts, et il ajoutait pour sa justification qu'il aimait mieux être taxé de rudesse et d'imprudence que de dissimulation. Après tout, si sa parole était parfois prompte et vive, s'il se laissait aller dans son langage à un blâme sévère sur ce qu'il regardait comme des abus, s'il n'hésitait point à reprendre tout haut ce qui lui paraissait répréhensible ; hâtons-nous de dire que toutes les mesures qu'il prenait étaient inspirées par la sagesse et la modération... Sa nature était profondément généreuse. Sa bourse était ouverte, comme son cœur, à tous les genres de misère. Il tenait à donner à son diocèse l'exemple du détachement et de la charité, et il distribuait ses secours d'une main large et libérale ; il donnait aux œuvres diocésaines, il donnait aux malheureux, et quand on l'engageait à modérer ses aumônes, il répondait comme son compatriote Mgr Cart, le charitable évêque de Nîmes : « Les pauvres sont les enfants de prédilection de l'évêque : laissez-moi partager avec eux le peu que je possède » (1).

Père des pauvres, modèle de bienfaisance et de zèle apostolique, Mgr Peschoud n'était pas seulement le chef et le guide de son clergé ; il se considérait comme le pasteur du troupeau tout entier, prêtres et laïques, fidèles ou profanes, et c'était vers le peuple, vers le monde lui-même que l'attirait son intelligente charité. Personne n'avait mieux compris le rôle magistral et fécond

____

(1) Biographie, p. 74.

dévolu à l'épiscopat dans cette confuse mêlée d'éléments disparates où l'action de l'église catholique doit s'exercer de nos jours. Ce n'est plus seulement dans l'observance d'un cérémonial grave et pompeux, dans le stricte accomplissement des hautes fonctions et des rites sacrés ni même dans la rigide profession d'une doctrine étroitement orthodoxe que consistent les devoirs des évêques. Outre la mission d'enseignement et de gouvernement intérieur, il y a celle du développement extérieur; il faut plus que jamais que les évêques soient apôtres pour regagner une seconde fois à Jésus-Christ la société distraite, entraînée dans un sens contraire par toutes les influences de l'époque, redevenue payenne en quelque sorte. Mgr Peschoud avait au plus haut degré le sentiment de ce prosélytisme pacifique et tout persuasif, et nul n'était plus propre à le mettre en pratique. Tous ses rapports avec les fonctionnaires, les notables, les hommes instruits, les gens du peuple avec lesquels il se trouvait en contact étaient marqués du même esprit sympathique et conciliant.

De là, ces gracieuses prévenances qu'il prodiguait dans ses réceptions ou allocutions et dont son clergé s'étonnait quelquefois de n'avoir pas la plus large part. C'était certainement chez lui, outre son expansion et sa politesse naturelles, une tendance instinctive de prêtre et d'homme éclairé, une sorte de calcul évangélique pour faire arriver de plus près sa voix aux oreilles et aux cœurs qui en avaient le plus de besoin.

L'isolement ascétique de la prière ou de l'étude n'était point son fait : homme de parole et d'action, il lui fallait la chaire, et, à défaut de la chaire, la conversation, où se déployaient son savoir varié, son tact exquis, ses grandes manières, son expérience consommée, qualités que tout le monde a été charmé de retrouver chez son successeur. Ce n'est point le seul aspect sous lequel il a semblé de suite revivre au milieu de nous : *Continuò redivivus.*

V.

Nous ne saurions mieux faire pour compléter cette étude commémorative que d'emprunter quelques autres citations à M. Azaïs — et surtout nous ne saurions mieux dire.

« La devise qu'inscrivent les évêques dans leurs écussons armoriaux résume ordinairement dans une brève synthèse leurs principes d'action, et renferme comme un programme abrégé de leur épiscopat. » En prenant possession de son siége notre évêque avait adopté ces deux belles et grandes paroles empruntées aux épîtres de saint Paul : *Veritatem tantùm et pacem,* la vérité et la paix : la vérité symbolisée par deux étoiles rayonnantes, et la paix, ayant pour emblème deux branches d'olivier... La vérité et la paix furent les compagnes fidèles de son épiscopat. Eclairer les intelligences et pacifier les cœurs : voilà la pensée dominante de son ministère, et le but suprême de ses travaux.

» Il savait d'abord que la vérité est le souverain bien des intelligences. Devant cette génération indifférente qui demande comme Pilate : Qu'est-ce que la vérité ? *Quid est veritas ?* à ces hommes qui laissent les vérités s'amoindrir et qui deviennent le jouet des doctrines mensongères ; il tint le flambeau d'une main ferme... Il fut l'homme de la doctrine, le gardien de la vérité... Et si Dieu l'avait laissé plus longtemps à la tête de son diocèse, sa haute intelligence lui aurait donné une place éminente parmi les membres les plus distingués de l'épiscopat. La doctrine abonde dans ses instructions pastorales. On y retrouve la substance des saintes Ecritures et les enseignements des Saints-Père. On y reconnaît un esprit méditatif et profond qui a étudié les besoins du siècle, qui en a sondé les plaies, démêlé les erreurs et qui sait leur opposer la force de la vérité.

» Il proclama dès le commencement de son épiscopat, son amour invincible pour la chaire de saint Pierre, « cette chaire principale et unique en laquelle, dit Bossuet, nous devons tous garder l'unité. » A l'époque de sa préconisation, il s'était empressé d'écrire au Souverain-Pontife pour déposer à ses pieds l'hommage de son dévouement filial, et il lui avait exprimé la joie que son cœur avait ressenti en apprenant quele peuple qui allait lui être confié se recommandait par son amour pour la religion et la vivacité de sa foi...

» Si l'évêque, gardien de la doctrine affirmait

avec une franchise énergique la vérité, il savait l'exposer sans blesser et sans irriter, il savait mettre dans son langage toute la mansuétude de l'Evangile. Nous pouvons lui appliquer ces paroles de saint Ambroise dans son livre des devoirs : « Il porta la modération dans les affaires, l'opportunité dans l'action et la mesure dans le langage : *Moderatio pro negotiis, opportunitas temporum, mensura verborum.* Oui, sa parole fut toujours mesurée, et en lisant ses instructions pastorales, on sent toujours, sous l'affirmation la plus énergique le soufle de la charité chrétienne (1). »

» Il avait la sainte passion du bien, ajoute son biographe, il voulait le faire d'une manière large, intelligente et durable, et il consacra à ce but tous les moments d'une courte existence...» Et il nous le montre tel que nous l'avons vu, tel que nous l'avons entendu, visitant en une seule tournée plus de 200 paroisses, accueilli par les plus vives démonstrations, ne se lassant pas d'officier, de parler, d'instruire, d'exhorter son peuple et son clergé; donnant la confirmation dans les églises, animant les cérémonies religieuses, émettant des observations utiles et paternelles dans les écoles, bénissant avec effusion les petits enfants; puis veillant avec sollicitude, dans l'intervalle, sur les études, sur les divers exercices de son grand et de son petit séminaire, n'oubliant pas le lycée et les autres maisons d'éducation où sa parole à

(1) Biographie, p. 44 — 51.

la fois noble et familière, pleine de sens, de bien-
veillance et d'à propos, tenait sous le même char-
me maîtres et élèves.

M. Azaïs consacre ensuite quelques pages
émues et pittoresques à notre antique pèlerinage
de Rocamadour, et à l'importante restauration de
ses sanctuaires vénérés qui fut une œuvre de
prédilection pour Mgr Peschoud : il nous le
montre aussi tenant dignement sa place et faisant
toujours entendre un langage élevé, persuasif
dans certaines solennités officielles telles que
l'inauguration du nouveau Palais de Justice et
l'Exposition régionale d'agriculture à Cahors. On
n'a pas oublié le discours que l'éloquent prélat,
déjà miné par la maladie, trouva la force de prononcer dans cette dernière occasion avec une
noblesse inimitable de geste, d'accent et d'attitude.
(mai 1865).

VI.

« A la fin de juin, faible et épuisé, mais conser-
vant toujours, dit son biographe, dans un corps
languissant une âme indomptable, il voulut ache-
ver la visite de l'arrondissement de Figeac. Son
énergie le soutint jusqu'au bout ; mais cet effort
fut le dernier, et il tomba pour ne plus se relever. Il alla passer quelques jours au Petit-
Séminaire de Montfaucon et il oublia pour quelques jours, au milieu des maîtres et des élèves,
les fatigues de sa dernière tournée. Il consentit,
malgré ses souffrances, à présider la distribution

des prix. Il voulut prendre la parole, comme les années précédentes, et il le fit avec une inspiration si heureuse que tous ses auditeurs furent ravis : « Monseigneur s'est surpassé lui-même, dans cette circonstance, écrivait le Supérieur du Séminaire. C'était vraiment le chant du cygne. »

Cédant enfin aux instances de l'amitié, il s'éloigna du diocèse pour aller chercher un peu de repos auprès de son ancien évêque, Mgr Fillon, promu au siégé du Mans. Il trouva dans son palais des soins affectueux qui semblèrent endormir ses douleurs. Il comptait pouvoir bientôt reprendre le chemin de sa ville épiscopale et présider la retraite ecclésiastique. Il fallut toute l'autorité du prélat dont il était devenu l'hôte, et la défense formelle des hommes de l'art pour le faire renoncer à ce dessein. Il écrivait à ses grands-vicaires que sa plus grande souffrance c'était d'être éloigné de son clergé dans cette circonstance importante et de ne pouvoir remplir son devoir d'évêque.

« Au lieu de s'acheminer vers son diocèse, il dut obéir aux prescriptions des médecins et se rendre aux eaux de Vichy. La maladie se développa d'une manière rapide et alarmante. Dieu voulait l'appeler à lui : l'ouvrier laborieux avait accompli sa tâche : il était mur pour le ciel. Le mal déconcertant toutes les ressources de la science, précipita sa marche, et le 13 septembre 1865, Mgr Peschoud, sentant sa fin approcher, reçut les derniers sacrements avec de grands sentiments de piété, répondant lui-même aux prières de l'Eglise et offrant au Seigneur avec une douce résignation le sacrifice de sa vie. A ce moment suprême, il n'avait autour de lui aucun de ses amis, aucun prêtre de son diocèse ; mais Dieu était avec lui et Dieu suffit à son âme pleine de foi. Les missionnaires Lazaristes qui lui avaient donné l'hospitalité dans leur maison de Vichy lui prodiguèrent les soins les plus dévoués, se rappelant qu'ils avaient à servir l'un des successeurs de ce vénérable Alain de Solminhiac, l'ami de Saint Vincent-de-Paul, leur fondateur et leur père.

« Sa pensée et son cœur se tournèrent, à cette heure suprême, vers son diocèse ; sa main défaillante se leva pour le bénir une dernière fois ; il colla ses lèvres mourantes sur le crucifix que la main d'un propre descendant de St. Vincent-de-Paul lui présentait et s'endormit paisiblement dans le Seigneur le 13 septembre, à midi et demi. Il était seulement dans la soixantième année de son âge et n'avait gouverné l'église de Cahors que pendant vingt-deux mois. » (1) Ainsi mourut, arrêté presque dès le début, dans la noble carrière qu'il était si digne de parcourir, « ce pontife dont la haute intelligence et les grandes qualités commandaient le respect, ce pasteur si avide de connaître ses brebis et de se prodiguer pour son troupeau, cet évêque dont la parole savait s'élever si haut et se mettre si bien à la portée des plus petits, dont le

(1) Biographie p. 80-82.

cœur et la main étaient si prompts à s'ouvrir pour compâtir aux douleurs et pour les soulager.   »

(*Mandement de MM. les vicaires capitulaires du* 21 *septembre* 1865).

On voit combien l'appréciait l'élite de son clergé. Quelques esprits étroits, quelques natures vulgaires comme en renferme malheureusement le plus grand nombre, semblèrent faire exception à la douleur commune. On crut remarquer des mesquineries — ou plutôt des fautes d'attention — dans les dispositions prises pour les obsèques. Ce ne fut qu'un cri dans la population et dans le diocèse tout entier. Le préfet, les autorités locales s'honorèrent par leur adhésion manifeste au deuil général, et quelques jours après, le Gouvernement payait dans le *Moniteur Universel* un tribut d'éloges longuement motivés à la mémoire de Mgr Peschoud.

Nous-même consignâmes alors la douloureuse impression d'une telle perte dans une pièce de vers composée le 15 septembre, au passage de son cerceuil par notre ville d'adoption. Cette pièce fut publié dans le *Journal du Lot* sous ce titre : *Redeunti*.

Faite de longs travaux, sa précoce vieillesse
De l'esprit n'avait point usé chez lui l'ardeur.
Il prodigua trente ans, aux cœurs de la jeunesse
Les fruits que fécondait sa virile sueur.

A son apostolat vingt mois ont dû suffire ;
Une lente agonie a brisé son essor.
Dieu qui nous l'envoya soudain nous le retire,
Redemandant pour lui ce précieux trésor.

Dieu n'a fait que montrer au sein de sa milice
Cet élu de sa droite, entre tous écouté,
Interprète sacré de la loi de justice,
Pour devise arborant la *Paix*, la *Vérité*.

. . . .

Et son retour s'opère au milieu des ténèbres,
Au milieu des sanglots de son église en deuil.
De nos clochers épars sortent les glas funèbres
Accompagnant de nuit la marche du cercueil.

Dans ce cercueil il reste à peine l'apparence
De ce qui fut un corps, - en proie aux vers bientôt !
Mais les larmes d'un peuple et la sainte espérance
Suivent l'âme immortelle et l'escortent là haut.

. . . .

Père, sur ton tombeau la Muse et la Prière,
Plus fortes que l'oubli, tour à tour veilleront,
Et ne laisseront pas s'éteindre la lumière
Qui, dans un court espace, a brillé sur ton front !

VII

Il est à regretter que les pieux éditeurs des
discours de Mgr Peschoud n'aient point complété
leur publication à l'aide du texte même de ses
instructions et lettres pastorales. Le nombre
malheureusement limité de ces derniers écrits
en rendait la collection facile ; elles n'eût pas
été moins précieuse, tant à cause de l'opportunité des sujets que du sens profond et du style
constamment élevé dont les enseignements de ce
ferme esprit portent l'empreinte. On aurait retrouvé avec émotion les effusions paternelles et les

nobles appels adressés dans sa lettre de prise de possession à son diocèse bien-aimé qu'il comparaît « à une de ses fortunées oasis où la racine des vieilles croyances, demeurée profonde et vivace, produit les fleurs de la piété et les fruits la vertu chrétienne. » On aurait pu relire avec non moins de profit l'instruction toute évangélique de ton et de doctrine donnée à l'occasion de ses visites pastorales, ses beaux et graves mandements pour les carêmes de 1864 et 1865, le premier destiné à prémunir le cœur et l'intelligence des fidèles contre l'*infernale* adresse des attaques de l'impiété contemporaine, l'autre renfermant une démonstration aussi habile qu'éloquente de la primauté du siége apostolique.—L'ignorance en matière religieuse ! telle est la plaie affligeante entre toutes que cet évêque si pénétré des infirmités morales et des besoins sociaux de notre époque se proposait premièrement de signaler et de combattre, en cherchant à l'éclairer. Recueillons quelques traits de ses savantes réfutations :

« Il y a une ignorance qui se connaît, et celle-là n'est pas la plus dangereuse ; mais il en est une autre qui s'ignore au point de se croire compétente à prononcer sur tout des sentences sans appel. Celle-ci, il faut oser le dire, est la grande maladie des esprits de notre temps. Mis à part le domaine des sciences positives où la répression de l'audace ignorante est plus facile, quelle témérité d'affirmation sur toutes choses ¡ Chacun se pense en droit d'émettre un avis sur toute question, principalement sur les questions religieuses.. Dans les écrits, même légéreté tranchante que dans les paroles... Comment, du reste, la gravité des doctrines serait-elle compatible avec la forme légère et la frivole allure des publications qui pullulent autour de nous? Puis, à quoi bon tant de scrupule et comment n'oserait-on pas écrire tout ce qu'on s'imagine devant un public prêt à tout accepter sans contrôle pourvu que le tour soit piquant. On peut appliquer aux productions littéraires, ce qui a été dit des institutions politiques, que les peuples ont celles qu'ils méritent ; si nous valions mieux, nos livres, nos romans, nos journaux nous respecteraient davantage. C'est nous qui encourageons, non-seulement par la complicité de nos lectures, mais par celle de nos idées, de nos goûts, de nos mœurs, la guerre faite à la vérité par ce qui s'imprime dans le monde entier. Cessons de nous montrer avides de scandale, et le scandale deviendra plus timide à se produire ; demandons à la négation ses preuves, à l'allégation ses titres ; forçons les auteurs à nous convaincre avant tout de leur probité...

» La foi chrétienne est le salut public ; l'attaquer c'est porter une main sacrilége sur le plus essentiel et le plus inviolable des intérêts sociaux, c'est se rendre coupable de lèse-société au premier chef. C'est également se rendre coupable envers ceux à qui on en ravit le trésor d'un crime plus grand que l'homicide ; car la foi est pour tout homme sa vie véritable, son salut éternel. Le travail démolisseur de l'incrédulité moderne mé-

rite d'être jugé à ce point de vue important...
On oublie trop, N. T. C. F., cette importance
suprême de la foi, et c'est ce qui rend tant d'esprits si lâches à la défendre. Saint Paul a consa-
cré tout un admirable chapitre de son épître aux
Hébreux à nous expliquer l'excellence et le prix
de la foi. C'est d'elle que tous les biens découlent, parce qu'elle en établit en nous la source
elle-même, — Jésus-Christ, — comme dans une
demeure où c'est à nous de le retenir par notre
fidélité à rester jusqu'à la fin dans la fermeté et
la gloire de notre croyance. La foi ne fait pas
seulement de notre âme la maison de Jésus-
Christ; elle nous institue les familiers de la
sienne, les membres de sa famille bien plus, elle
nous incorpore à sa substance, elle nous rend participants de son esprit de sa grâce, *participants du
Christ tout entier* (pesez bien la forte expression de l'apôtre). Point d'intérêt plus capital
pour nous que la conservation de notre foi dans
son intégrité la plus parfaite; car *l'incrédulité
nous sépare du Dieu vivant*, c'est-à-dire du Dieu
qui est notre vie, et c'est pour cela que nous devons bien prendre garde de laisser se former en
nous *ce cœur mauvais* qui y prédispose : *cor ma-
lum incredulitatis discendi a Deo vero.*

» Ce qui perd les hommes, ce sont les vices
enfants de leurs passions. Nul d'entre nous qui
n'ait les siennes auxquelles il faut résister sans
cesse. Et qui ne sait quelles excitations puissan-
tes et perpétuelles le monde ajoute à l'empire
de leurs convoitises; par quelles coutumes dé-

pravées, par quelles maximes diaboliques il leur prête le tyrannique soutien de la mode et de l'opinion ? Or, les passions n'ont de contre-poids suffisants, de frein efficace que dans la foi. La raison, il est vrai, les désapprouve et les condamne, mais à la manière de ces pères faibles qui font des observations ou même des réprimandes qu'on n'écoute pas. (1) »

On peut juger par cette citation de la haute valeur des documents épiscopaux émanés de la main de Mgr Peschoud, de la force et de la conscience qu'il mettait à leur rédaction. L'accent pénétrant et convaincu d'une perspicacité supérieure, voilà ce qui se dégage le plus à nos yeux de ce style substantiel et serré, où la pompe sonore et vide du langage n'a point de place, et qui exclut sévèrement toute banalité comme toute négligence. La parfaite correction de la phrase et la vigoureuse brièveté de l'expression font admirablement ressortir la solidité de la doctrine et la largeur des aperçus. Le penseur chrétien perce toujours sous l'évêque écrivain, ou plutôt, c'est l'évêque, c'est le Docteur, c'est le Pasteur ne faisant qu'un avec l'homme, avec l'écrivain, qui se révèlent dans un caractère exceptionnel, dans un genre à part. Mgr Peschoud voit de haut l'ensemble des choses et ne touche qu'aux détails les plus significatifs ; il juge et définit plus qu'il ne discute ; il expose, il

____

(1) Mandement pour le Carême de 1864, page 9-12.

aprofondit, il enseigne au lieu d'argumenter. Il a, toute proportion gardée, quelque chose de la manière affirmative et entraînante de S. Paul, qu'il commente souvent, de ce génie inspiré qui reste toujours l'inépuisable arsenal et le souverain modèle de la prédication morale au service de la vérité révélée.

VIII

Tout en scrutant d'un œil sûr, tout en burinant d'une main sévère les périls, les erreurs et les problèmes de la société nouvelle, Mgr Peschoud savait se défendre de toute exagération systématique et rétrograde, de tout zèle faux et intolérant, de tout aveugle engouement pour un passé regrettable sans doute au point de vue des croyances, mais qui ne fut pas exempt lui-même de déviations et de misères. Il n'approuva jamais ce parti-pris violent et injurieux, cette guerre à outrance déclarée aux tendances et aux institutions modernes sans exception au nom d'un idéal théocratique plus dangereux à exploiter que facile à réaliser, écueil déplorable contre lequel s'est butée sans profit et sans relâche une notable fraction des forces catholiques, si mal dirigée par un génie hautain dont l'Eglise pleure encore la défection et par un journaliste d'un grand talent dont les écarts ont failli de nouveau tout compromettre... Nul doute, en effet, que la solidarité de polémiques acerbes et de thèses antipathiques à l'opinion n'ait été l'un des prétextes dont l'esprit d'irréligion et d'usurpation s'est servi avec le plus de succès pour couvrir et justifier ses attaques au pouvoir temporel du Saint-Siége. Au moment où ce pouvoir se trouvait encore ballotté et mis en question par les fluctuations d'une politique mal assurée, les protestations unanimes de l'épiscopat français ne contribuèrent pas peu à conjurer le danger, à prévenir le naufrage irréparable du trône le plus séculaire et le plus auguste. Mgr l'eschoud éleva la voix à son tour, non pour prolonger le cri d'alarme que l'un de ses illustres confrères avait poussé le premier avec tant de vigueur et d'éloquence, mais pour raffermir autour de lui les consciences ébranlées par le contre-coup de tant d'agressions injustes et passionnées, et pour rappeler à la vénération des peuples les titres mêmes de la puissance spirituelle divinement instituée, unie par un enchaînement de circonstances providentielles au principat temporel et trop souvent confondue dans les mêmes calomnies et les mêmes négations révolutionnaires. Le mandemement de notre défunt évêque sur le *Primauté du siége apostolique* rétablit la question sous son véritable aspect religieux et la résout avec une nerveuse exactitude, pleine de clarté et de mesure.

C'est un traité complet sur la matière; tout y est rigoureusement défini, suivant sa méthode habituelle, et noblement développé, mais aussi éloigné des prétentions excessives de la controverse ultramontaine que des réserves gallicanes et des vaines contestations schismatiques. Aussi bien, le fantôme du Gallicanisme, si habilement évoqué pour les besoins d'une coterie bruyante, lié, malgré ses anathénes, aux glorieux souvenirs de Bossuet et du clergé de France, ne saurait plus effrayer que les esprits faibles ou par trop ombrageux. Il ne s'applique nullement aux nouveaux intérêts, aux nouvelles tendances d'une société restaurée tant bien que mal après des secousses violentes ; ses coutumes et ses privilèges ne se comprendraient plus sous un régime qui a proclamé la liberté des cultes ainsi que la séparation du spirituel et du temporel. Mgr Peschoud acceptait pleinement ces principes et leurs légitimes conséquences. Autant il était habile à rectifier, à éprouver par son lumineux contrôle les théories et les aspirations contemporaines, autant il comprenait les salutaires applications de l'activité humaine dans sa sphère propre et recommandait la concorde et l'harmonie entre les divers pouvoirs, comme entre les divers éléments sociaux, pour le plus grand bien du pays et le progrès de la civilisation.

L'appel à la raison, à la conscience, à la conciliation ressort de toutes les pages écrites par ce judicieux et généreux prélat. « L'Evangile dont nous sommes le ministre, disait-il avec une noble assurance, est à la fois l'Evangile de la vérité et celui de la paix. De ce double objet de notre mission, doit s'inspirer et s'inspirera toujours notre parole pastorale. Notre devoir est de dire la vérité avec droiture : *Rectè tractantem verbum veritatis* (1) ; mais l'Apôtre, qui nous défend de sortir de la droite ligne de la doctrine veut aussi que nous reprenions l'erreur avec douceur, patience et charité. » C'est toujours, on le voit, avec le langage de S. Paul qu'il plaide, entre autres causes, celle des successeurs de S. Pierre.

Ce beau mandement sur la *Primauté du Saint-Siège*, fut son dernier travail de longue haleine et comme le fronton de son édifice construit, suivant une de ses expressions, sur le roc des principes. Il nous reste à examiner le gros de son œuvre, antérieur à sa consécration épiscopale et privé par conséquent de son couronnement. Les treize *Discours sur l'Education* réunis et édités par M. l'abbé Azaïs en forment les assises annuelles et successives. Il est temps pour nous de revenir à cet objet initial de notre étude.

IX.

Les dates déjà éloignées (1844-1856) qui indiquent l'ordre de ces discours, du premier au dernier, ne leur ont rien fait perdre de leur intérêt toujours permanent, invariable, ni de leur parfaite cohésion. On dirait plutôt la suite des chapitres d'un même ouvrage qu'une série de harangues de distribution des prix prononcées devant un auditoire de professeurs, d'enfants

(1) IIe Ep. à Timothée, II.

et de parents L'écueil du genre est précisément dans les banalités d'usage et dans les lieux communs de circonstance. Il fallait certes une organisation et une situation exceptionnelles comme etaient celles de l'abbé Peschoud, pour triompher des difficultés d'une matière aussi ingrate et surtout aussi rebattue. L'auditoire sympathique et distingué qui, tous les ans, se donnait rendez-vous à Pont-le-Voy pour entendre cette voix d'un maître investi de la confiance des familles, motivait le choix des sujets et la forme savante, le ton grave et pénétrant qui les accompagne. Aussi, à part les deux premiers discours plus particulièrement relatifs à l'intérêt du grand établissement que l'orateur avait mission de diriger et de faire connaître, remarque-t-on un plan intentionnel, une liaison progressive, une idée d'ensemble dans la variété même des matières, qui, de ces onze ou douze fragments manuscrits ou livrés à une demi-publicité, ont fait un tout presque homogène, un véritable programme d'éducation. Cela n'empêche pas tous ces discours de conserver le reflet des préoccupations et des circonstances sous l'empire desquels ils furent prononcés. C'est comme l'impression d'une parole vivante, laquelle n'ajoute pas peu à l'attrait de cette lecture ; car elle en rattache l'objet aux luttes fécondes d'une période historique voisine de nous et pourtant déjà oubliée par cette mobile opinion qui s'en tient à la surface des choses.

Or, les vues et les convictions du prêtre ve

tueux et lettré, du chef éprouvé de Pont-le-Voy, étaient tout ce qu'il y a de moins changeant au monde et de moins surperficiel. C'est sur le fin fond de la morale chrétienne qu'il prend pied pour s'élever aux considérations à la fois les plus remarquables et les plus pratiques. Depuis le loyal et simple exposé des *caractères de l'éducation donnée à Pont-le-Voy*, sorte d'introduction de ce précieux recueil, jusqu'aux thèses larges et solides sur la triple *éducation du cœur, de la volonté et de la conscience*, qui en forment la partie la plus saillante, une même pensée relie entre elles ces pages d'abord détachées, un même souffle les anime. Un enseignement tout ensemble religieux et national, conforme à la devise du collége où lui-même fortifiait sans cesse cet esprit, tel était le sujet étudié par Peschoud sous tous ses aspects, fouillé dans ses profondeurs, mis en action et déterminé théoriquement dans ses meilleures conditions. Cette suite d'allocutions ou, pour mieux dire, de leçons sur une matière dont l'auteur était plein, se sont donc trouvées former un véritable cours de pédagogie chrétienne et française, un traité posthume, tout à l'honneur du maître et du penseur.

Partout il a fait preuve du discernement le plus sûr et de l'inspiration le plus haute. Seulement, le cadre forcémenf circonscrit de chacune de ces compositions ne lui a pas permis tous les développements dont un travail plus général eût été susceptible ; la nécessité de condenser, de manière à les faire tenir dans des bornes aussi étroites, tant d'aperçus sérieux, tant de réflexions utiles, produit quelquefois de la sécheresse dans les démonstrations et de la raideur dans les formes. La doctrine constamment juste, ferme et lumineuse, alimentée par un ample trésor d'observations spéciales, n'éprouve ni gêne ni déviation ; mais le style n'est pas toujours exempt de tension et d'effort. Ses qualités ordinaires, la pureté, la concision savante, la mâle sobriété n'en conservent pas moins leur prix. Cette parfaite mesure que nous avons déjà louée dans les instructions épiscopales de Mgr Peschoud, distingue aussi ses discours de Pont-le-Voy ; on l'y retrouve tout entier, avec sa méthode habile et forte de convaincre par la seule exposition, par le seul enchaînement des idées. Point de vaine digression, point de faux éclat, point d'enflure ou d'artifice oratoire. Si tout n'est pas de premier ordre dans ces discours, tout y est du moins empreint de raison, de droiture et de vérité. Aussi, malgré ce qu'ils pouvaient perdre à être ainsi exhumés hors de leurs cadres primitifs, ces tableaux tracés par une main consciencieuse n'ont point vieilli. Ils sont la reproduction durable d'un idéal qui peut bien être obscurci de temps en temps par les préventions ou les sophismes, mais qui ne saurait s'éteindre, le résumé nerveux de ces doctrines toujours vivantes, toujours nécessaires dont le Christianisme est l'âme.

Tel qu'il est, ce résumé mérite un rang honorable parmi les publications analogues, à la suite du grand ouvrage de Mgr Dupanloup sur *l'Edu-*

cation. Sans doute, pour cet objet spécial, comme pour les autres genres d'illustration, l'éclatante supériorité de l'évêque d'Orléans est hors de toute comparaison. Écrivain, c'est par des qualités différentes de celles de notre auteur que brille cet heureux et fécond génie : — c'est par cette merveilleuse abondance, cette facilité coulante, ce mouvement libre et toujours égal, cette chaleur tempérée et continue qui dilatent son style à l'égal de son cœur et multiplient les pages sous sa plume inépuisable. Sa renommée et sa sphère d'action étaient hors de proportion avec celles de son ancien émule dans l'enseignement. Ce fut la gloire de Mgr Peschoud d'avoir marché de près sur ses traces comme précepteur de la jeunesse, en attendant de faire cause commune avec lui dans l'espiscopat. Personne ne sympathisait davantage avec ce grand esprit et ce nom vénéré; associé d'abord à ses efforts pour la revendication de la liberté catholique, il était de son école à double titre et se proclamait à bon droit son frère d'armes. Il eût été, si Dieu eût prolongé sa carrière, l'Evode ou le Prosper du nouvel Augustin. Parti du même point de départ, il aurait suivi la même voie; il lui aurait été donné de soutenir, de seconder dans plusieurs rencontres l'infatigable champion toujours debout, toujours tenant tête à l'erreur et réfutant après treize siècles les mêmes objections, les mêmes accusations que celles dont il s'agissait dans la *Cité de Dieu.* Il l'eût salué reparaissant sur la brèche, en ce moment même, pour

annoncer magnifiquement les présages heureux
du futur Concile, et s'efforçant encore une fois
de dissiper, comme il dit, « d'orageuses ténèbres,
l'illusion des mots trompeurs et le danger des
fausses doctrines. »

X.

Des douze discours dont nous voudrions pouvoir donner un aperçu, plusieurs ont un caractère spécialement pédagogique, tels que ceux qui
traitent : de l'*Education au XIX*ᵉ *siècle, de
l'accord du collége et de la famille, des devoirs
de l'éducation , de la réforme des études ,
du respect de la règle, des dangers de l'étude
exclusive et prématurée des sciences positives.*
Nous signalerons à part ce dernier sujet, traité
de la façon la plus intéressante et la plus judicieuse, comme répondant à une des préoccupations les plus marquées de notre temps, à l'un
de ses engouements les plus bruyants et les
plus fatigants, l'engouement scientifique. Cette
tendance à d'orgueilleuses exagérations et les
conséquences morales et sociales qui en découlent
sont combattues dans leur principe avec autant de
sagacité que de justesse. La supériorité de la
culture littéraire sur la culture exclusivement
scientifique est pleinement démontrée.

« L'une, en développant toutes les facultés
de l'enfant, et particulièrement celles qui décideront de la direction de sa vie, savoir, le jugement pratique d'une part, et de l'autre les facultés

esthétiques et les facultés morales, forme en lui l'instrument nécessaire de toute science qui est l'esprit, et le grand ressort de la conduite qui est le cœur. L'autre, dont le travail ne met en jeu qu'un nombre fort restreint de facultés et les moins précieuses de toutes, lui donne seulement les connaissances techniques exigées pour l'exercice d'un petit nombre de professions. La culture des lettres tend à faire des hommes, et c'est pour cela qu'on les appelle les humanités, *humaniores litteræ*; la culture des sciences fait des ingénieurs, des médecins, des industriels, et pas autre chose..... L'opinion commune est que les sciences exactes fortifient l'esprit et le développent en lui donnant la justesse. Telle n'était pas la manière de penser des anciens, d'Aristote lui-même. Telle n'est pas non plus celle des modernes les plus compétents en matière d'éducation. « Il est de toute notoriété, dit le célèbre Pestalozzi, que les esprits qui montrent du penchant pour ces sortes de représentations abstraites ont le plus faible jugement dans les autres matières. » Le mathématicien d'Alembert avoue que les géomètres sont de mauvais métaphysiciens sur les matières où ils n'ont pas le calcul pour guide. Or, comme ces matières où le calcul n'a que faire, sont à la fois les plus importantes et les plus usuelles, puisqu'elles sont l'objet de la religion, des sciences morales et des affaires ordinaires de la vie, on voit combien est contestable l'avantage vulgairement attribué aux sciences exactes d'apprendre à raisonner juste. « L'art

» de raisonner juste, dit un profond penseur de
» l'école écossaise, ne peut être enseigné par une
» méthode où il n'y point de raisonnement
» faux. »

« L'étude exclusive des sciences exactes flétrit
l'imagination, dessèche la sensibilité, et, quant à
l'intelligence elle-même, elle en abaisse le som-
met, elle en diminue l'ampleur, elle en émousse
la pointe. Comme elle ne la nourrit que d'abstrac-
tions ou ne l'occupe que de réalités palpables, il
en résulte que la tenant également éloignée de
cet idéal infini, rêve sublime de notre esprit, dont
le commerce habituel peut seul féconder la pensée, et de ce monde tout spirituel que l'homme
porte au dedans de lui-même, objet le plus digne
de son étude, parce que là se passe sa véritable vie
d'homme, elle y tue tout ensemble la puissance
d'invention, et cette délicatesse de tact, nécessaire
à l'appréciation des choses de l'esprit, en un mot,
le génie et le bon sens, le talent et le goût. » (1)

XI.

Mais ce n'est pas seulement la culture de l'esprit, même sous sa meilleure forme et à l'aide
des méthodes les plus utiles, qui importe à l'éducation et qui en fait le véritable prix. C'est la
formation du caractère, des facultés du cœur, de
la conscience et de la volonté. Tel est l'objet principal que se propose notre auteur, qu'il ne cesse

(1) Discours, p. 301-312.

d'indiquer dans divers passages et qu'il reprend ensuite pour le développer, dans trois discours spéciaux qui, comme nous l'avons dit, forment le morceau capital du volume. Ici, ce n'est plus seulement le pédagogue, c'est le moraliste qui fait entendre sa voix attristée, énergique et sévère. Il déplore les graves lacunes de l'éducation contemporaine sur le point le plus essentiel et en fait remonter à qui de droit l'amère responsabilité.

« Comment donnerions-nous du caractère à nos enfants, nous, esclaves de la mollesse et de la peur, qui ne savons vouloir fortement que notre tranquillité et notre bien-être ? Comment leur inspirerions-nous le goût des grandes choses et le courage des belles actions, nous qui restons froids en présence des questions les plus vitales et qui n'avons la force de nous passionner que pour celles qui intéressent la commodité de notre existence matérielle ? Mais, si nous ne pouvons donner les vertus que nous n'avons pas, en revanche nous ne communiquons que trop bien les vices que nous avons. Entourant la génération qui s'élève d'une atmosphère de mollesse sensuelle, nous en faisons respirer le venin à pleine poitrine par ces jeunes cœurs. Et la contagion est pour elle d'autant plus dangereuse qu'il y a dans nos mœurs plus de délicatesse et dans nos goûts plus de recherche et de distinction. Il est bien plus aisé de se défendre contre les viles tentations d'un sensualisme grossier, que contre les imperceptibles influences d'un sensualisme raffiné. Dans celui-ci,

il se trouve une certaine poésie, une apparence
de dignité et de convenance qui en rend la séduc-
tion incomparablement plus redoutable. Car
l'homme a de la peine à oublier entièrement sa
grandeur : même dans ses vices, se révèlent ses
nobles instincts, ses inspirations divines, ses su-
blimes besoins, et lorsqu'un art funeste parvient
à leur donner le change en couvrant la dégra-
dation d'un manteau d'élégance et de bon ton,
c'est alors qu'il faut à l'âme bien de la force pour
repousser le mal dépouillé de la honte qui en est
le préservatif le plus puissant (1). »

Ailleurs, il analyse avec la même clairvoyance
les exemples, les insinuations d'une autre sorte
que l'adolescence trouve dans l'esprit du siècle,
caractérisé par l'absence de tout mobile désinté-
ressé, généreux et chrétien : « Voyez quelles
sont les théories en crédit ; examinez la nature
des idées qui agitent le monde, car les idées sont
dans la vie humaine comme le vent qui décide
de la direction du vaisseau. Or, est-il une autre
pensée qui passionne notre siècle, si ce n'est
celle de réaliser l'idée du bonheur sur la terre ?
Le monde présent n'est plus aux yeux des hommes comme dans les siècles chrétiens, un simple
lieu de passage où il serait imprudent de fixer sa
tente, c'est un séjour où chacun essaye de bâtir
le palais de ses rêves. A peine l'enfant est-il capable de comprendre qu'il reçoit le germe funeste de cette erreur commune ; la première le-

(1) Discours, p. 142.

çon jetée dans son esprit par tout ce qu'il voit, par tout ce qu'il entend, est une fausse conception du but de la vie. Ce que l'on vante devant lui, c'est le succès dans le monde ; la grande occupation de ceux qui l'entourent, c'est la poursuite du bien-être ; la principale récompense que l'on ait coutume de lui proposer, c'est le plaisir. Que peut-il conclure de cela, sinon que le plaisir, le bien-être, le succès, c'est tout ici-bas. Si la félicité de l'homme est sur la terre, tout l'effort de son travail doit naturellement se concentrer vers la terre. En vain la religion viendra combattre un égarement si déplorable en faisant luire la lumière de ses promesses immortelles ; en vain elle opposera l'antidote au poison, celui-ci a déjà passé dans la constitution même (3). »

On aura remarqué dans le passage que nous venons de citer ce bel aphorisme : *les idées sont dans la vie humaine comme le vent qui décide de la direction du vaisseau.* Le style de Peschoud est plein de ses brèves sentences où l'image ne fait qu'un avec la pensée, de ces sortes de médailles bien frappées.

« Un ressort qui cesse tout à coup d'être comprimé s'emporte avec violence : détendez-le par degrés, vous en restez le maître. — Le plaisir n'est pas même le premier degré ni le chemin du bonheur ; on n'y arrive que par la souffrance et la vertu. —La vertu est pour le cœur la source d'une joie pure ; mais cette joie ne fait que la

(1) Discours, p. 279.

suivre, les privations la précèdent. — Les privations sont à la fois l'apprentissage de la vie et celui de la vertu.—C'est l'égoïsme qui perd aujourd'hui les nations ; c'est lui qui fait qu'il y a tant d'hommes petits parmi ceux qu'on nomme grands, et pour cela même, tant d'hommes impuissants et inutiles. —Le doute est pour le devoir le fléau le plus à craindre, parce que c'est l'allié le plus recherché des passions. »

Terminons ces citations par une pensée un peu plus développée, mais non moins opportune et profonde : « C'est se tromper de croire que le cœur se forme par l'esprit et que c'est du travail de la pensée humaine qu'il faut attendre le perfectionnement de l'individu et le salut de la société. Mettre la science à la base de l'ordre social et de l'éducation, tandis que sa place est au couronnement de l'édifice, c'est précisément l'erreur qui a fait tout notre mal. Ni pour l'homme ni pour l'humanité, la vie ne sort de l'intelligence, elle vient du cœur (1). »

Cette conclusion n'est qu'une sorte d'extension du principe philosophique de Pascal. Ce n'est pas la seule analogie que les *Discours sur l'Education* présenten tavec les *Pensées*, toute proportion gardée, Les livres saints, les Pères, Bossuet, Pascal, M. de Bonald, voilà évidemment les maîtres de l'auteur que nous venons d'étudier. Ajoutons-y Quintilien comme source profane et nous serons fixés sur la portée naturelle et sur l'acquis de cet

(1) **Discours**, p. 263.

esprit méditatif, sur la forte trempe de son style, sur le mérite vraiment original et substantiel, soit de l'homme, soit du livre.

XII.

Ce livre, en effet, quelle que soit sa valeur, ne donne point la mesure exacte de son auteur. C'est comme la toile d'un canevas où les lignes principales sont tracées, où les muscles sont saillants, oùles linéaments apparaissent, mais où manquent les chairs et les draperies. Il en résulte une sorte d'ébauche savante, mais incomplète, d'ossature énergique, mais inégale. Mgr Peschoud n'eut jamais le loisir de revoir et de perfectionner ces fragments épars en les refondant dans une synthèse plus ample et plus méthodique.—Le temps, c'est ce qui manqua doublement à son œuvre et à sa vie. L'une aussi n'est que le reflet de l'autre, et l'homme avec sa hauteur de vues, son abnégation, sa noblesse de caractère, se découvre toujours derrière l'écrivain. Son long apostolat de la jeunesse, digne et laborieuse préparation à cet enseignement divinement autorisé dont il eut plus tard la charge comme évêque, fut le ressort qui développa ses riches aptitudes. Il y mit toute son âme, et son âme en reçut elle-même une admirable empreinte; sa parole y acquit cette vigueur, cette vertu secrète, apanage des apôtres véritables: *Verbum evangelisantibns virtute multâ,* suivant la prophétique expression du psalmiste. La plus belle, la plus complète des œuvres de Peschoud, ce fut donc sa vie elle-même, — sa vie tout entière employée à la méditation, à l'action, à l'instruction, aux multiples et propices influences de l'étude et de la parole, usée par les travaux évangéliques, consacrée par un trop court exercice des hautes fonctions épiscopales, enfin couronnée par une sainte mort !...

La génération à laquelle Mgr Peschoud appartenait et qui achève de disparaître de la scène du monde, a laissé de nombreuses traces de son activité, de sa supériorité intellectuelle et morale, particulièrement au sein de l'Eglise. Les noms de Frayssinous, de Genoude, de Ravignan, de Lacordaire, de Wiseman, de Ventura, de Rosmini, de Noirot, de Cœur, de Gerbet et de Bautain, ont marqué à divers titres durant cette phase féconde de rénovation pour l'éloquence et pour les lettres catholiques. Cette vaste et majestueuse évolution n'est point terminée, et si le plus grand nombre de ces athlètes de la vérité sont restés en chemin, il en est qui marchent et combattent encore, donnant la main à de nouveaux venus, dignes de recueillir leur lumineux héritage.

Tous ont eu plus ou moins en vue dans leurs écrits ou prédications mémorables, l'accord de la raison et de la foi, de la liberté civile et de l'autorité religieuse, des grandes et salutaires traditions avec le contrôle sérieux et les légitimes aspirations de la pensée moderne. C'est là leur commun titre de gloire ; c'est là le rayon qui signale ce groupe immortel à la postérité reconnaissante. Rappelons que le brillant porte-drapeau de cette noble école, Montalembert, est encore debout, quoique miné par la souffrance, et que Mgr Dupanloup est toujours là, prodiguant ses émouvantes. ses fortifiantes *paroles!*...

Que dis-je? une voix plus jeune et non moins inspirée succède dans la même chaire à la dialectique élevée et profonde des conférences sur le *Progrès par le christianisme*, et l'émule entraînant dn R. P. Félix, le père Hyacinthe Loyson fait entendre en ce moment le seul écho possible et comparable à l'éloquence glorieuse de Berryer descendant dans la tombe...

Ah! ce sont là des noms que Mgr Peschoud aimait, des caractères qu'il admirait, et auxquels son nom et son caractère méritent d'être associés, eu égard aux convictions qui l'animèrent, au but supérieur qu'il se proposa dans son auguste ministère. Intelligence et dévouement, telle fut aussi sa devise intime, répondant si bien à ce besoin d'*apaisement dans la vérité* qu'il voulut exprimer dans son exergue épiscopale. C'est, au point de vue général, l'hommage le mieux justifié que nous puissions rendre à sa mémoire. Ce serait, s'il vivait encore, la louange qui serait la plus sensible à son cœur.

Mais revenons à l'impression particulière qui en est restée dans notre diocèse; l'épiscopat de Mgr Peschoud forme une page brillante de nos annales religieuses, page que remplit à elle seule, cette figure si distincte et si attrayante. Nous avons accepté la tâche quasi filiale de la reproduire idéalement, aidé par les précieuses informations de M. Azaïs. L'éminent et regretté prélat revit aussi dans l'oraison funèbre prononcée sur son cercueil, le 19 septembre 1865, par l'un de ses dignes confrères, Mgr Delalle, le savant et pieux évêque de Rodez. Ce n'est pas tout ; le tombeau arcade qu'on lui prépare à la Cathédrale de Cahors, dans la chapelle nouvellement restaurée de saint Joseph, réclame une épitaphe. Personne aussi n'ignore que le château de Mercuès, résidence d'été de nos évêques, contient une galerie historique des portraits de leurs prédécesseurs, indiqués par des inscriptions latines qu'a exactement recueillies et traduites un de nos studieux et diserts compatriotes (1). Il est probable que le portrait de Mgr Peschoud continuera bientôt la série de nos illustrations épiscopales et qu'il aura son inscription analogue, à la suite de celle du bienfaisant et modeste d'Hautpoult, observateur vigilant de la discipline ecclésiastique. L'un et l'autre étaient animés d'un même esprit, et l'on a pu remarquer dans leurs traits une certaine ressemblance.

Qu'il nous soit permis en terminant de devancer une main plus autorisée et plus exercée que la nôtre dans le style lapidaire. Voici comme nous rédigerions l'inscription commémorative destinée à résumer la vie si bien remplie de Mgr Peschoud. Elle résumera du moins cette

(1) Adolphe Guilhou, *les Evéques de Cahors*, 1864.

étude entreprise avec amour et empreinte de quelque fidélité.

Josephus - Franciscus - Cletus Peschoud , — *antéa Pontis-Viacensis Gymnasii rector et Sancti Claudii episcopatus archidiaconus, multis officiis eximié functus, præsertim in humanis sacris que litteris instituendâ juventute ; præsul doctrinâ , eloquio, moribus et stipibus pariter insignis, diœcesi propemodùm perlustrato citiore funere raptus : ab an. 1863 ad an. 1865*

TRANSIIT BENEFACIENDO.

Puy-l'Evêque (*) (Lot), novembre 1868.

———

(*) Cette petite ville, au site heureux et empreint de souvenirs féodaux liés à l'histoire de nos évêques, fut particulièrement honorée de la sympathie de Mgr Peschoud. Elle fut aussi la première à rendre à sa dépouille mortelle un hommage douloureux et reconnaissant. La population émue et recueillie, son digne pasteur en tête, se trouvait sur pied le 15 septembre 1865, à neuf heures du soir, pour recevoir ce cercueil vénéré et l'escorter jusqu'à notre antique église ; les prières ordinaires de l'absoute furent, à cette heure inaccoutumée, d'une solennité lugubre et touchante dont l'impression ne s'est point effacée. Puisse cette notice écrite aux mêmes lieux en prolonger le religieux écho !...

BIBLIOTHEQUE NATIONALE DE FRANCE
3 7502 00987632 9

www.ingramcontent.com/pod-product-compliance
Lightning Source LLC
Chambersburg PA
CBHW061318060726

47596CB00003B/964